마법의 시간여행
지식탐험 ④

해적의 시대

테리 킹과 지나 킹에게

MAGIC TREE HOUSE RESEARCH GUIDE #4

PIRATES :

A nonfiction companion to Pirates Past Noon
by Will Osborne and Mary Pope Osborne and illustrated by Sal Murdocca

Text Copyright ⓒ 2001 by Will Osborne and Mary Pope Osborne
Illustrations Copyright ⓒ 2001 by Sal Murdocca

마법의 시간여행 지식탐험 ④

해적의 시대

메리 폼 어즈번 · 윌 어즈번 지음
살 머도카 그림/노은정 옮김

비룡소

이 책은 다음과 같은 전문가들이 감수했습니다.

데이비드 스타키 박사(영국 헐 대학교 역사학부)
멜린다 머피(미국 텍사스 주 휴스턴 시 리드 초등학교 미디어 전문가)

차례

이 책을 읽는 친구들에게

「마법의 시간여행」 시리즈 제4권 『키드 선장의 보물을 찾아라』에서 우리는 해적 선장 본즈한테 잡혀서 목숨을 잃을 뻔했어. 아슬아슬 재미있기도 했지만 진짜 무서웠지. 프로그 마을로 돌아와서 얼마나 기뻤다고! 하지만 궁금한 것들이 여전히 많아.

어째서 사람들은 해적이 되었을까? 해적들은 범선에서 어떻게 지냈을까? 여자 해적은 없었을까? 아직까지 땅속에 묻혀 있는 해적의 보물이 있을까?

하지만 그 무시무시한 본즈 선장한테 다시 가서 물어볼 생각은 눈곱만큼도 없었어. 그래서 우리는 자료를 찾기로 했어. 궁금한 건 못 참으니까.

먼저 도서관에 가서 해적들과 범선에 대한 책을 찾

아보았어. 책 속에서 우리는 수천 년 전에도 해적들이 있었다는 것을 알게 됐어. 그리고 인터넷 검색도 했지. 해적 깃발 그림도 찾았고 악명 높은 해적들에 대한 이야기도 발견했어. 공책에다가 해적선의 모습과 해적 깃발의 모습을 베껴 그리기도 했어.

우리가 찾은 자료를 이 책을 통해 너희들과 나누고 싶어. 자, 수첩과 배낭은 챙겼니? 해적들의 짜릿한 세상으로 우리 함께 항해를 떠나자!

잭과
애니가

바다의 무법자, 해적

해적의 역사는 배가 바다 위를 처음 떠다닐 무렵부터 시작되었어요.

해적은 말하자면 바다의 도둑이라고 할 수 있어요. 다른 배를 약탈하거나 바닷가의 마을을 털죠.

해적에 대한 전설이나 이야기는 아주 많아요. 그중에서도 가장 유명한 것은 200년쯤 전에 살았던 해적들에 대한 이야기예요. 옛날이야기 속에 나오는 해적들의 생활은 아주 짜릿하고 흥미진진하게 보이죠. 법

고대 그리스에서도
해적에 대한
기록을 남겼대.

을 멋대로 어기고, 땅에 묻힌 보물을 파내고, 심지어
는 자기네들이 벌인 도둑질에 대한 노래도 지어 불렀
으니까요.

하지만 실제로 해적들은 참 어렵게 살았어요. 바다
위에서 오랜 시간 동안 따분하게 지내야 했던 것은
물론이고 썩은 음식을 먹거나 끔찍한 병에 걸리는 일
도 흔했지요. 많은 해적들이 바다에서 싸움을 벌이다

가 또는 폭풍우로 배가
침몰하는 바람에 목숨
을 잃기도 했답니다.

해적들은 법을 어기
는 짓을 많이 했기 때
문에 늘 불안했지요.
일단 잡히면 대개 사형
을 당했거든요.

그런데도 그토록 많
은 사람들이 해적이 되
었던 이유는 무엇일까

수천 명의 해적들이
교수형을 당했대.

10

요? 답은 한 가지! 보물을 차지하고픈 욕심에 배를 타고 드넓은 바다로 나갔던 거죠.

그리스의 해적

지금까지 알려진 해적들 중에는 거의 3,000년 전에 살았던 사람들도 있어요. 바로 고대 그리스의 해적들이랍니다. 이 해적들은 그리스의 해안가를 따라서 지중해를 항해하던 무역선들을 털었어요.(20쪽의 지도를 보세요.)

무역선은 물건을 싣고서 나라와 나라 사이를 오가며 장사를 하는 배를 말해.

그리스의 해적들은 평소에는 배를 탄 채 바닷가 근처의 섬에 살짝 숨어 있었어요. 그러다가 무역선이 지나가면 작은 배로 갈아타고 다가가서는 선원들이 꼼짝 못하게 겁을 주었어요. 그런 다음 무역선에 실린 물건들을 빼앗아 갔어요. 어떤 때는 선원들을 잡아가거나 무역선을 통째로 차지하기도 했죠.

그리스 신화에는 디오니소스 신을 잡아간 해적들에 대한 이야기가 나와요. 신화에 따르면 해적에게 잡힌 디오니소스가 사자로 변신하자 겁먹은 해적들

디오니소스는 포도주와 축제의 신이야.

11

이 바다로 뛰어들었는데 디오니소스가 그 해적들을 돌고래로 만들어 버렸다고 해요.

로마 제국의 해적

로마 제국에서도 해적들은 골칫거리였어요. 로마 제국의 항구로 물건을 싣고 오가는 배들을 해적들이 공격하곤 했거든요. 심지어 이 해적들은 해적 나라까지 세웠어요. 지금 터키가 있는 곳의 바닷가에 해적들의 나라가 있었어요.

로마 제국의 위대한 지도자인 카이사르도 젊었을 때 해적들에게 잡힌 적이 있었어요. 해적들은 한 달쯤 카이사르를 가둬 두었다가 카이사르의 아버지가 몸값을 보내자 풀어 주었죠.

구출된 카이사르는 함대를 이끌고 해적들을 찾

카이사르는 영어식 이름인 '시저'로도 잘 알려져 있어.

카이사르

12

아 나섰어요. 그리고 마침내 해적들을 모두 잡아 없
애 버렸답니다.

기원전 67년에는 로마 제국의 장군인 폼페이우스
가 로마 제국을 괴롭히는 해적들과 지중해에서 전쟁
을 벌였어요. 폼페이우스 장군은 배 오십 척을 거느
리고 해적들을 무찔렀어요. 로마 제국의 해군이 바다
에서 해적선들을 공격하는 동안 로마 제국의 육군은
육지에 있는 해적들의 본거지를 공격했지요. 그렇게
해서 3,000명이 넘는 해적들이 잡히거나 죽었어요.

함대란 한 명의
사령관이 지휘하는
여러 척의 배를
일컫는 말이야.

재미있는
이야기 하나!
폼페이우스
장군의 아들은
나중에 해적이
되었대!

폼페이우스

그 덕분에 폼페이우스 장군은
'위대한 폼페이우스'로
알려지게 되었지.

북유럽의 해적, 바이킹

서기 700년 쯤에 바이킹이라는 해적들이 유럽 해안 지방에 있는 마을들을 약탈하기 시작했어요.

바이킹은 노르웨이, 스웨덴, 덴마크에서 온 해적들이었어요. 바이킹이라는 말은 '바다의 침략자' 라는 뜻의 노르웨이 말이에요.

바이킹은 배를 잘 탔을 뿐 아니라 배를 만드는 재주도 뛰어났어요. 바이킹의 배는 긴 배라는 뜻의 '롱보트' 라고 불렸어요. 롱보트는 아주 빨랐어요. 돛은 하나뿐이었지만 노가 많았거든요. 그리고 뱃머리에

는 용의 머리 모양이 새겨져 있었어요.

바이킹은 마을을 습격할 때면 롱보트를 타고 마치 경주를 하듯이 해안가로 몰려들었어요. 긴 칼이나 도끼를 휘두르고 괴성을 지르면서 말이에요. 바이킹은 집과 교회를 약탈해서 값진 물건들을 빼앗고 사람들을 잡아갔죠.

400년 동안 바이킹은 서유럽, 러시아, 중동 지역의 바닷가 마을 사람들을 괴롭혔어요. 하지만 어떤 바이킹들은 자기네가 쳐들어간 나라에서 가정을 꾸리고 땅을 일구며 살기도 했어요.

중세란 서기 450년경에서 1500년 사이를 말해.

바르바리 해적

중세 시대 때 해적들 중에는 '바르바리 해적들' 이 있었어요.

바르바리 해적들은 아프리카 북쪽 해안 출신의 뱃사람들이었어요. 이 해적들은 '바르바리' 라고 불리는 땅에 살았는데 그곳은 지금의 모로코, 알제리, 튀니지 그리고 리비아의 서부 지역을 말해요.

바르바리 해적들은 보물을 빼앗는 일보다는 사람들을 납치하는 데 관심이 더 많았어요. 해적들은 잡아온 사람들을 몸값이 오를 때까지 가둬 두었죠. 만

바르바리 해적

약 몸값을 못 받으면 그 사람을 노예로 팔아 버리기
도 했어요.

아시아의 해적

아시아의 바다에도 해적들이 누비고 다녔어요. 해
적들은 우리나라, 중국, 일본, 인도네시아의 보르네
오 섬, 향신료 군도의 바닷가 마을들과 배들을 약탈
했어요. 향신료 군도란 인도네시아 동부에 있는 섬들
을 일컫는 몰루카 제도의 옛 이름이에요.

사진 속 배가 보이니?
이렇게 생긴 중국의
나무 돛단배를
정크라고 부른대.

1600년대에는 '정지룽'이라는 중국 해적이 1,000척도 넘는 해적선들을 끌고 남중국해를 누비고 다녔어요. 그리고 1800년대 초에 '정위샤오'라는 여자 해적은 7만 명이 넘는 남녀 뱃사람들을 이끌고 해적 노릇을 했다지 뭐예요!

나침반은 뱃사람들이 배의 위치를 알아내는 데 사용한 기구야. 옛날 중국 사람들이 처음 만들었어.

1400년대 말까지 해적들은 주로 유럽, 아프리카, 동아시아 지역을 누비고 다녔어요. 하지만 1492년 이후, 해적들은 보물을 약탈할 새로운 세상을 발견하게 되었죠.

초기의 해적들

▶ 그리스의 해적.

▶ 로마 제국의 해적.

▶ 북유럽의 해적(바이킹).

▶ 바르바리 해적.

▶ 아시아의 해적.

북아메리카

대서양

아프리카

1492년 – 콜럼버스가
아메리카 대륙에
도착했어요.

남아메리카

연대표

로마제국의
해적

그리스의 해적

기원전 1000년   기원전 800년   기원전 100년   기원후 400년

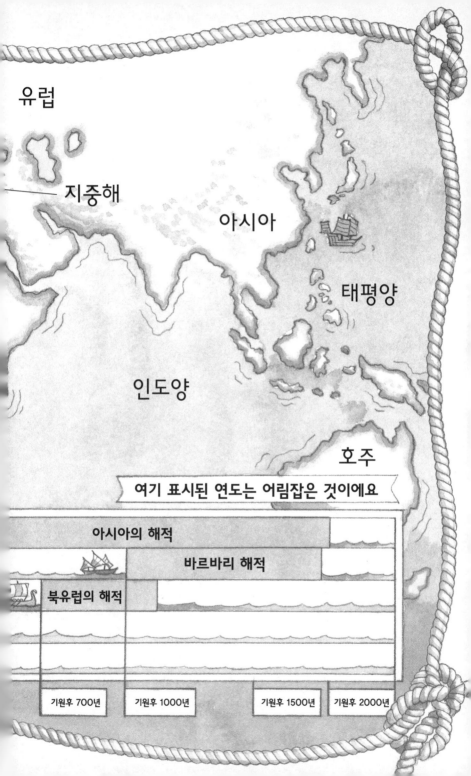

유럽

지중해

아시아

태평양

인도양

호주

여기 표시된 연도는 어림잡은 것이에요

아시아의 해적

바르바리 해적

북유럽의 해적

| 기원후 700년 | 기원후 1000년 | | 기원후 1500년 | 기원후 2000년 |

신세계의 해적들

1492년 이탈리아의 탐험가 크리스토퍼 콜럼버스는 세계의 역사를 변화시킨 항해를 했어요.

콜럼버스는 에스파냐의 왕과 여왕의 명을 받고 아시아로 가는 새로운 길을 찾기 위해서 서쪽으로 떠났어요. 에스파냐는 스페인의 다른 이름이에요.

그렇지만 콜럼버스가 찾아낸 것은 아시아로 가는 새 길이 아니라 카리브 해의 한 섬이었죠. 그런데 이 섬은 유럽 사람들이 전혀 듣지도 보지도 못한 새로운

콜럼버스는 유럽에서 서쪽으로 항해해도 아시아에 닿을 수 있다고 생각했대.

세계의 한 부분이었어요. 그곳이 바로 지금 우리가
'서반구'라고 부르는 곳이에요. 콜럼버스가 살았던
시대의 유럽 사람들은 이곳을 처음 발견했기 때문에

새로운 세상이라는 뜻으로 '신세계'라고 불렸어요.

콜럼버스가 신세계를 발견한 후에 에스파냐의 탐험가들이 앞 다투어 중앙아메리카와 남아메리카의 드넓은 땅을 정복했어요. 신세계에 황금의 나라가 있다는 소문을 들었기 때문이었죠. 에스파냐 사람들은 아메리카 원주민들의 문명을 파괴했을 뿐 아니라 금과 은을 마구잡이로 빼앗아 갔어요. 보물과 귀한 보석들도 약탈했고요.

이때 멕시코 지역의 아스테크 문명과 페루 지역의 잉카 문명이 파괴되었어.

에스파냐 사람들은 이렇게 훔친 물건들을 배에 싣고 다녔어요. 이런 보물선은 해적들이 군침을 흘리기에 딱 좋은 목표였죠.

버커니어 해적

에스파냐의 보물선들을 공격했던 해적들 중에는 '버커니어'라고 불리는 해적들이 있었어요.

원래 버커니어는 주로 영국, 프랑스, 네덜란드에서 죄를 짓고 도망친 사람들이었죠. 1600년대에 이들은 카리브 해 근처의 몇몇 섬에 자리를 잡았어요.

버커니어들은 처음에는 천막 같은 곳에 살면서 섬에 사는 소나 멧돼지들을 사냥했어요. 그리고 아메리카 원주민들한테서 '부칸' 이라는 석쇠에 고기를 요리하는 법을 배웠죠. '버커니어' 라는 이름에는 '부칸을 쓰는 사람들' 이란 뜻이 담겨 있어요.

당시 에스파냐는 버커니어들이 사는 섬을 지배하고 있었어요. 그런데 1630년대에 에스파냐의 통치자들이 이 사람들을 섬에서 몰아내려고 했죠. 그래서 화가 난 버커니어들은 해적이 되었던 거예요.

버커니어 해적들은 자기네 섬 근처를 지나가는 에
스파냐 배들을 공격하기 시작했어요. 카누를 타고 배
에 다가가서 총, 칼, 도끼 같은 무기로 배를 공격한
다음 배에 있는 보물들을 빼앗곤 했지요.

사나포선 해적

나라를 위해서 일하는, 조금은 특별한 해적도 있었죠. 바로 '사나포선'을 타고 다닌 해적들이었지요. 사나포선이란 나라의 허가를 받아 적국의 배를 공격하는 해적선을 말해요.

사나포선 해적들은 적국의 배를 골라서 보물을 빼앗았어요. 그리고 더러는 빼앗은 보물을 얼마간 떼어서, 자기들에게 면허장을 준 통치자들에게 바치기도

나라에서는 적국의 배를 공격할 수 있도록 사나포선 해적들에게 면허장까지 줬어.

했죠.

1600년대 영국과 네덜란드의 통치자들은 에스파냐가 신세계에서 가져오는 보물을 노렸어요. 그래서 종종 해적들을 시켜서 에스파냐의 배와 마을들을 약탈하게 했던 거죠.

사나포선 해적들은 자기네 나라에서 보면 영웅이었겠지만 적국에서 보면 그저 해적일 뿐이었어요.

버커니어 해적이 되는 법

버커니어 해적은 지저분하고 고약한 냄새를 풍기기로 유명했어요. 여러분도 버커니어 해적이 되어 보고 싶나요? 그럼 이렇게 해 보세요.

절대로 목욕을 하거나 옷을 갈아입지 않는다!
버커니어 해적들은 몇 달 동안 씻지 않는 것은 기본이었어요. 동물 가죽으로 옷을 만들고 그 옷이 다 닳아 못 입게 될 때까지 안 갈아 입고 살았어요.

맨발로 다닌다!

버커니어 해적들은 거의 늘 맨발로 살았어요. 다른 배를 공격할 때도 마찬가지였죠.

바비큐를 먹는다!

버커니어 해적들은 해적질을 마치고 자기들의 섬에 숨어서 물 또는 필요한 물건들을 구했어요. 그리고 부칸이라는 석쇠를 이용해 만든 바비큐를 맛있게 먹었죠.

해적의 황금시대

1600년대 말에서 1700년대 초에 이르는 시기는 곳곳에서 해적들이 활개를 치고 다닌 '해적의 황금시대'였어요.

이 시기에 유럽 여러 나라에서는 저마다 적국의 배를 공격하기 위해서 차츰 더 많은 해적들을 이용했어요. 다시 말해 사나포선 해적들이 늘어난 거죠. 버커니어 해적들은 에스파냐 보물선을 약탈했을 뿐 아니라 자기네들끼리도 싸웠어요. 바르바리 해적들도 지중해 곳곳에서 지나가는 배들을 계속해서 습격했어요. 그리고 북아메리카에 유럽의 식민지가 세워지고 나서 온갖 종류의 해적들이 식민지를 오가는 무역선들을 공격했어요.

바다는 너무 위험한 곳이 되어 버렸어요. 그래서 많은 나라에서 해적질을 엄하게 금지하기 시작했어요. 엄격한 법률을 만들어서 해적들뿐만 아니라 해적들의 물건을 받아서 판 사람들까지도 벌주었지요. 그리고 군대를 보내서 해적들을 모조리 없애 버리려 했어요.

해적들은 대부분 군대와 싸우다 목숨을 잃었죠. 그나마 살아남은 해적들도 재판을 받아 교수형에 처해졌어요.

1700년대에 이르러 해적의 황금시대는 결국 막을 내리게 되었어요. 하지만 그때 활동했던 해적 중에는 아직까지도 그 이름이 전해질 정도로 악명 높은 해적들이 있었어요. 지금부터 그 해적들을 소개합니다.

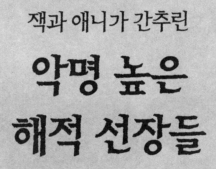

잭과 애니가 간추린

악명 높은
해적 선장들

역사상 가장 악명을 떨쳤던
해적들에 대한 이야기가 들어 있어요.

프란시스 드레이크

프란시스 드레이크는 영국의 탐험가이자 사나포선 해적이었어요. 배를 타고 세계 곳곳을 누볐던 첫 영국인이기도 했고요.

드레이크는 젊었을 때 배를 타고 가다 에스파냐 사람들의 공격을 받아 많은 친구들을 잃은 적이 있었어요. 그 후로 그는 에스파냐를 미워하게 되었어요.

1577년에 드레이크는 세상을 두루 탐험하기 위해 바다로 나갔어요. 항해를 하면서 드레이크는 에스파냐의 배와 마을들을 자주 약탈했어요. 3년간의 항해를 마치고 영국으로 돌아가는 드레이크의 배에는 보물이 가득했죠.

드레이크는 영국 여왕 엘리자베스 1세로부터 기사 작위를 받았어요. 드레이크 같은 영국의 사나포선 해적들은 '엘리자베스 여왕의 바다 개'라고 불렸어요. 영어에서 바다 개라는 말은 곧 해적을 뜻하는 말이 되었지요. 이 해적들은 영국의 영웅이었어요. 물론 에스파냐 사람들에게는 아주 못된 해적이었지만요.

헨리 모건

헨리 모건은 아주 유명한 버커니어 해적이었어요. 카리브 해에 있는 자메이카 섬에 살았죠.

그 당시 자메이카 섬은 영국의 지배를 받았어요. 그런데 1660년대에 에스파냐가 자메이카를 자기 땅으로 삼으려고 했지요. 그러자 자메이카의 총독은 모건이 에스파냐 배들과 에스파냐 사람들이 사는 마을을 공격할 수 있도록 허락했어요. 모건은 부하들을 이끌고 에스파냐 사람들을 여러 번 공격했어요.

　모건은 용맹하기로도 유명했지만 아주 잔혹하고
거친 행동으로도 이름을 떨쳤죠. 그는 영국과 에스파
냐가 전쟁을 그만둔 후에도 에스파냐 사람들이 사는
곳을 약탈했어요.

　영국 왕은 에스파냐와 평화롭게 지내기 위해서 모
건을 잡아 가두었어요. 하지만 모건은 영국 사람들에
게 대단한 영웅이었기 때문에 재판을 하지는 않았죠.
결국 모건은 영국 기사 작위를 받았고 자메이카의 부
총독이 되기까지 했답니다!

키드 선장

　윌리엄 키드는 미국 뉴욕 근처 바다에서 활동한 선장이었어요. 1695년 영국의 왕은 키드 선장을 시켜서 무역선들을 공격하는 해적들을 없애도록 했죠. 하지만 웬걸! 오히려 키드 선장과 부하들이 해적으로 변해서는 무역선들을 마구 약탈했어요.

　바다에서 돌아온 키드 선장은 영국으로 끌려가 재

판을 받게 되었죠. 키드 선장은 자기 부하들이 시켜서 억지로 해적이 되었다고 주장했어요. 하지만 결국 1701년에 교수형을 당했어요.

키드 선장은 잡히기 전에 보물들을 어딘가에 묻어 놨지만 그중 일부만 발견되었어요. 그래서 훗날 키드 선장이 숨겨 놓은 보물에 대한 이야기가 많이 생겨나게 되었지요.

헨리 애버리

영국 해군으로 바다 생활을 시작한 헨리 애버리는 1694년에 사나포선 해적이 되었어요.

헨리 애버리와 선원들은 인도에서 오는 배를 약탈했어요. 그 배에는 다이아몬드와 여러 가지 보물들이 실려 있었죠. 그 보물들의 값어치는 오늘날로 치면 5,000억 원이나 되었어요.

헨리 애버리는 엄청난 돈을 번 다음에 해적 노릇을 그만두었어요. 하지만 남에게 속아서 그 돈을 다 날려 버렸죠. 그는 빈털터리가 된 채 병들어 죽고 말았답니다.

블랙 바트(바르톨로뮤 로버츠)

바르톨로뮤 로버츠는 해적의 황금시대에 가장 크게 성공한 해적이었어요. 원래는 평범한 뱃사람이었는데 나중에 해적이 되었죠.

1719년 로버츠가 타고 있던 배가 해적들의 공격을

받았어요. 그때 로버츠도 해적이 되었던 거예요. 로버츠가 탄 배를 공격했던 해적들이 나중에 로버츠를 자기네 선장으로 삼았죠. 그다음부터 로버츠는 '블랙 바트'라는 이름으로 알려지게 되었답니다.

4년도 채 못 되는 기간에 블랙 바트는 무려 400척이나 되는 배를 약탈했어요! 하지만 결국은 영국 해군과 전투를 벌이다 죽고 말았죠.

캘리코 잭(존 래크햄), 앤 보니, 메리 리드

존 래크햄은 1700년대 카리브 해에서 활동했던 해

적선의 선장이었어요. '캘리코'라고 불리는 천으로 만든 화려한 색깔의 옷을 주로 입었기 때문에 '캘리코 잭'이라고 불렸죠.

캘리코 잭은 앤 보니가 사는 섬에 배를 대고 머물다가 그녀를 만나 사랑에 빠졌어요. 앤 보니는 남자처럼 꾸미고서 잭의 해적단에 끼게 되었죠.

그리고 얼마 후 다른 배를 약탈하던 캘리코 잭이 한 젊은 선원을 잡았는데 그 선원이 자기도 해적이 되고 싶다고 해서 껴 줬어요. 그런데 알고 보니 그 선원은 남자처럼 꾸민 여자였지 뭐예요! 그 여자의 이름은 메리 리드였어요.

앤 보니와 메리 리드는 캘리코 잭과 함께 해적 생활을 하다가 1720년에 잡혔어요. 전하는 이야기에 따르면 해적선을 지키기 위해서 끝가지 싸웠던 사람은 앤과 메리뿐이었대요! 그럼 다른 남자 해적들은 뭘 했느냐고요? 갑판 밑에 숨어 있었대요.

캘리코 잭은 교수형을 당했고 앤 보니와 메리 리드는 감옥에 보내졌어요.

검은 수염(에드워드 티치)

검은 수염의 원래 이름은 에드워드 티치로 1716년에서 1718년까지 겨우 2년 동안만 해적 노릇을 했어요. 하지만 그때까지의 해적들 중에서 가장 악명을 떨쳤답니다.

검은 수염은 길고 덥수룩하며 새카만 수염 때문에 그런 별명을 얻게 되었죠. 싸울 때 곧잘 자기의 기다란 머리카락과 턱수염을 꼬아 밧줄처럼 만들어서 불을 붙이곤 했대요!

다들 검은 수염을 어찌나 두려워했던지 싸워 보지도 않고 주저앉을 정도였죠. 마침내 미국 버지니아주의 총독이 검은 수염을 없애도록 해군을 보냈어요. 검은 수염은 있는 힘을 다해서 격렬하게 싸웠지만 결국은 해군의 손에 목숨을 잃고 말았죠.

그리스 갤리선

해적선의 비밀

수백 년 동안에 해적들은 여러 가지 모양의 배를 타고 바다를 누볐어요.

초기의 해적선은 주로 갤리선이었어요. 갤리선은 돛이 달린 커다란 노 젓는 배를 말해요. 바람이 적당히 불면 갤리선은 돛에 바람을 안고 더욱 빨리 갈 수 있었죠.

바르바리 해적들은 아주 커다란 갤리선을 타고 다녔어요. 거의 백 사람이 노를 저어야 할 정도였죠. 하지만 이런 배를 타고 바다 위를 오랫동안 다니는 일은 별로 없었어요. 사람들을 워낙 많이 태웠기 때문에 먹을거리나 항해에 필요한 물건들을 실을 자리가 없었거든요.

바르바리 해적들의 갤리선

범선

'해적의 황금시대'의 해적들은 대부분 범선을 타고 보물을 찾아다녔죠. 범선이란 돛이 달린 배를 말해요. 바람의 힘을 이용해서 움직이지요.

범선에는 세로로 높다랗게 세워진 돛대에 가로 기둥인 '활대'가 달려 있었어요. 그리고 튼튼한 천으로 만든 돛이 그 활대 양끝에서 아래로 드리워져 있었죠. 이 돛은 올렸다 내렸다 할 수 있었어요.

해적들이 타고 다녔던 범선에는 항해에 필요한 물건들과 훔친 보물들을 둘 자리가 있었어요. 그리고 바다에서 다른 배를 공격할 때 쓸 대포와 총 같은 여러 무기들도 갖추고 있었죠.

작은 범선은 그냥 **돛단배**라고 하면 돼.

해적선

▶ 커다란 돛이 달렸다.

▶ 활대가 있었다.

▶ 돛대가 있었다.

▶ 짐칸이 있었다.

▶ 총 같은 무기가 실려 있었다.

범선의 종류

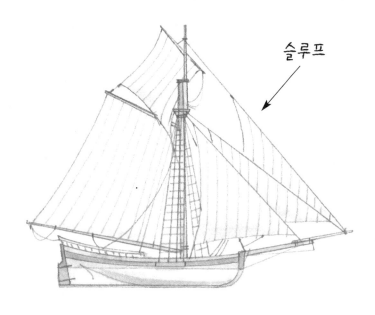

슬루프

‘슬루프’는 돛대가 하나만 달린 범선을 말해요. 슬
루프는 크기가 작기 때문에 사람이나 총을 많이 싣지
는 못했죠. 하지만 일단 싸움이 붙었을 때 이리저리
움직이기가 쉬웠고 속력이 아주 빨라서 해적들은 슬
루프를 즐겨 탔어요.

배의 속력은 해적들에게 아주 중요한 문제였어요.
약탈하려는 배를 금세 따라잡을 수 있어야 했으니까
요. 물론 재빨리 도망칠 수도 있어야 했지요!

스쿠너

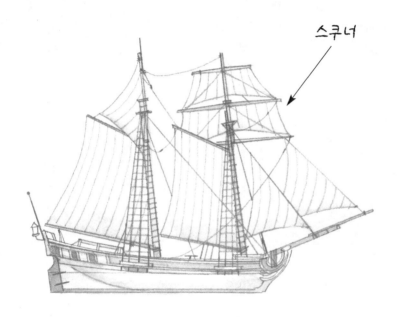

'스쿠너'와 '브리갠틴'은 돛대가 두 개 달린 쌍돛
범선이에요. 이 배들도 역시 속도가 아주 빨랐죠. 스
쿠너는 1700년대 말에서 1800년대 초까지 미국의 사
나포선 해적들이 주로 탔답니다.

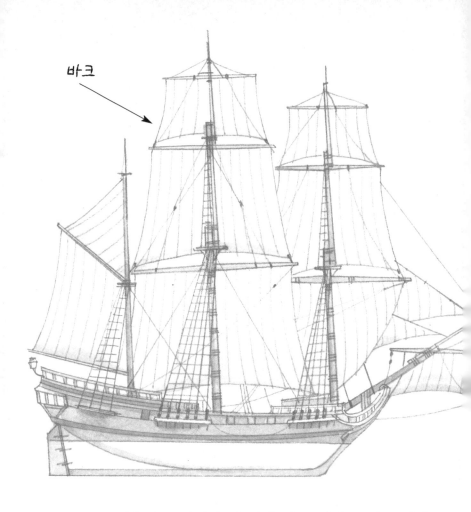

바크

'바크'는 돛대가 셋 이상 있는 배예요. 작은 범선
들보다는 속력이 느렸죠. 하지만 크기가 커서 총을
더 많이 실을 수 있었어요. 보물도 더 많이 실을 수
있으니 얼마나 좋았겠어요!

범선의 종류

▶ 슬루프 형 – 돛대가 하나.

▶ 스쿠너 형 – 돛대가 둘.

▶ 브리갠틴 형 – 돛대가 둘.

▶ 바크 형 – 돛대가 셋 이상.

이번에는 해적선의 구조를 살펴보자.

이쪽이야!

돛대 ─────→

활대 ─────→

키

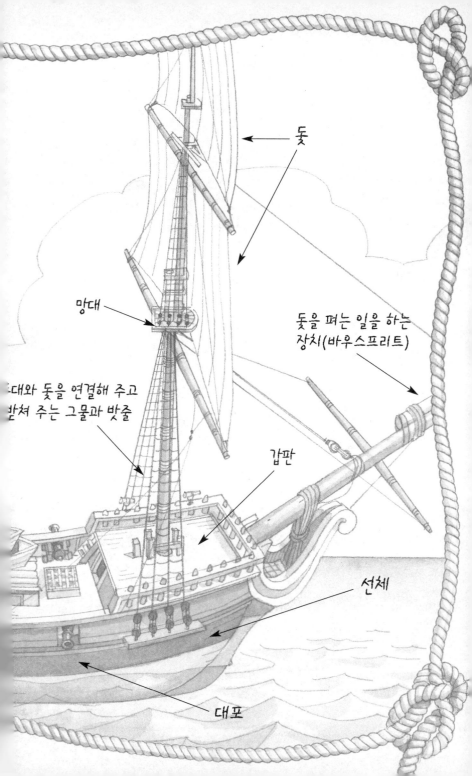

돛

망대

돛을 펴는 일을 하는
장치(바우스프리트)

대와 돛을 연결해 주고
받쳐 주는 그물과 밧줄

갑판

선체

대포

해적의 생활

　해적은 도둑이며 살인자이자 납치범이었어요. 그 어떤 나라의 법도 지키지 않았죠. 그렇지만 자기들이 정한 규칙만은 잘 따랐어요.

　해적들은 배 위에서 어떻게 행동해야 하는지, 규칙을 어겼을 때는 어떤 벌을 받게 되는지에 대해 약속을 정해 놓았어요. 빼앗은 보물을 선장과 부하 해적들이 어떻게 나눠 가질 것인가에 대한 규칙도 물론 있었고요.

해적의 규칙

1. 빼앗은 물건을 골고루 똑같이
   나눠 갖는다.
2. 우리끼리 싸우지 않는다.
3. 도박하지 않는다.
4. 여자는 배에 태우지 않는다.
5. 무기는 항상 잘 손질해서 언제든
   쓸 수 있도록 준비한다.
6. 도둑질하거나 싸울 때
   혼자 도망치거나,
   비밀을 숨기는 자에겐 죽음 뿐이다!

해적선마다 규칙이 조금씩 달랐지만 공통적인 것
도 있었죠. 그중 몇 가지를 왼쪽에 뽑아 보았어요.

선장

배 안에서는 각자 할 일이 따로 있었어요. 그중에
서도 선장이 하는 일이 가장 중요했죠.

선장은 부하 해적들을 이끌고 싸웠어요. 그리고
'항해사' 노릇도 했죠. 다시 말해 선장이 어디로 갈
것인지 정했다는 뜻이에요.

하지만 선장이라고 해서 멋대로 규칙을 어길 수는
없었어요. 선장이 자기 일을 제대로 하지 못하면 부
하 해적들이 선장을 배 밖으로 던져 버리고는 새 선
장을 뽑기도 했으니까요!

또 아무리 선장이 선장 노릇을 잘했더라도 부하 해
적들을 함부로 대할 수는 없었어요. 해적들은 어느
곳으로 갈지, 언제 육지에 올라갈지 모두 투표를 해
서 정했어요. 물론 바다에서 다른 배를 만났을 때 그
배를 공격할 것인지 말 것인지도 투표로 정했답니다.

키잡이

  해적선의 키잡이는 선장의 지시에 따라 배의 키를 직접 조종했어요. 그리고 상대편 배에서 어떤 물건들을 빼앗을지 정하고, 빼앗은 후에는 그 물건들을 나누는 일을 했어요. 음식을 나누어 주는 일도, 배 위에서 각자가 할 일을 정해서 맡기는 것도 키잡이의 일이었죠.

바다 위의 생활

　해적들은 배가 잘 나아갈 수 있도록 열심히 일해
야 했어요. 돛과 밧줄을 손질하고 대포를 청소하고
갑판을 깨끗이 닦아야 했죠.

해적들이 먹던 하드택

해적들은 오랜 기간 육지에서 떨어져 배를 타고 지내야 했기 때문에 음식을 구하기가 어려웠어요. 때로는 배에서 닭을 몇 마리 길러서 달걀을 얻기도 했죠. 하지만 주로 말린 고기와 딱딱한 비스킷을 식량으로 삼았어요. 해적들이 식량으로 먹던 딱딱하고 바싹 마른 비스킷을 '하드택' 이라고 해요. 건빵이 바로 하드택의 한 종류예요. 전해 오는 이야기에 따르면 해적들은 깜깜한 데서 음식을 먹었대요. 왜냐고요? 그래야 음식 속에 우글거리는 벌레들이 눈에 보이지 않으니까요!

영국의 선원들을 **라이미**라고 부르기도 했어. 괴혈병에 걸리지 않으려고 라임을 많이 먹었기 때문이래. 라임은 비타민 C가 풍부한 과일이야.

이따금 해적들은 '괴혈병' 이라는 병에 걸리기도 했어요. 하지만 괴혈병에 걸리는 이유를 제대로 알지 못했죠. 그러다 마침내 의사들은 몸 안에 비타민 C가 모자라서 괴혈병이 생긴다는 것을 알아냈어요.

넓은 바다 한가운데서 맑고 깨끗한 물을 구하기는

힘들었어요. 하지만 아무리 거친 해적들이라고 해도 짠 바닷물을 마실 수는 없잖아요. 그래서 해적들은 배에다 맥주 통, 포도주, 럼주를 싣고 다녔어요.

긴 항해가 이어지다 보면 따분하기 마련이었죠. 바다 한가운데에서 특별한 일이 일어날 리가 없었으니까요. 그래서 해적들은 심심풀이로 주사위를 가지고 도박을 하곤 했어요. 그러다가 곧잘 싸움판이 벌어지기도 했죠.

해적들의 규칙에는 도박과 싸움에 대한 내용이 꽤 있었어요. 규칙을 어긴 자들에게 벌을 주는 일 또한 키잡이가 맡았죠.

해적선에는 쥐가 엄청 많았대! 쥐는 뭐든 닥치는 대로 먹어치웠는데 글쎄, 배를 이루고 있는 나무까지도 갉아 먹었대!

해적들의 형벌

해적에 대한 이야기들을 보면 규칙을 어긴 사람에게 널빤지 위로 걷게 하는 장면이 더러 나와요. 우선 규칙을 어긴 해적의 눈을 가리고 손을 뒤로 묶어요. 그리고 나머지 해적들은 기다란 널빤지를 한쪽이 바다를 향하도록 배에다 걸쳐 놓아요. 그런 다음 규칙을 어긴 사람에게 널빤지의 끝까지 걸어가게 하는 거예요. 결국 그 사람은 바다에 빠지겠죠?

   그렇지만 규칙을 어긴 해적을 진짜로 널빤지 위로 걷게 했다는 증거는 없어요. 대신 주로 채찍질을 하거나 총을 쏘았어요.

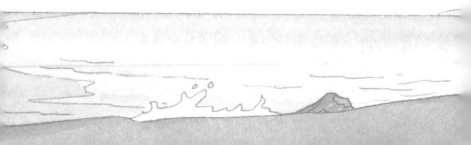

또 하나 끔찍한 벌은 바로 '외딴 섬에 버리기'였어요. 벌을 받아야 하는 해적만 외딴 섬에다 내려놓고는 그냥 배를 타고 떠나 버리는 거예요. 그러면 그 사람 혼자 섬에 남겠죠. 이런 외딴 섬은 대개 손바닥만 하다고 할 정도로 아주 작았어요. 그래서 버려진 사람은 곧 굶어 죽거나 목이 말라 죽거나 아니면 밀물 때문에 섬이 물에 잠겨서 빠져 죽었어요. 이렇게 해적들이 외딴 섬에 누군가를 버리고 갈 때는 그 사람에게 총을 주어서 스스로 목숨을 끊을 수 있게 하기도 했어요.

잭과 애니가 들려주는 해적의 말투

한쪽 다리를 보여라,
땅에서 발도 안 떨어진 녀석아!
아니면 너를 데이비 존스의
창고로 보내 버리겠다!

이봐,
나무 기둥 떨리는군!

한쪽 다리를 보여라! - 일어나!

해적들은 그물 침대, 즉 해먹에서 주로 잤어요. 해
먹에서 내려오려면 옆으로 한쪽 다리를 내려야 하는
데서 나온 말이에요.

70

땅에서 발도 안 떨어진 녀석 – 풋내기 선원

풋내기 선원을 '땅에서 발도 안 떨어진 녀석'이라고 불렀어요. 바다보다 땅에 있는 것이 더 익숙한 사람이라는 뜻이겠죠?

데이비 존스의 창고 – 바다 밑바닥

1630년대에 데이비 존스라는 해적이 약탈한 배를 바다에 가라앉혔어요. 그다음부터 해적들은 어떤 것(사람까지도!)을 바다 밑으로 가라앉히거나 배 밖으로 던질 때 '데이비 존스의 창고로 보낸다.'라고 말하게 되었대요.

나무 기둥 떨린다! – 깜짝이야!

해적들은 배의 돛대를 '나무 기둥'이라고 불렀어요. 폭풍우가 심하게 몰아치면 돛대가 흔들렸어요. 그러다 우지끈 부러지기도 했지요. 그러면 깜짝 놀랄 수밖에 없었겠죠?

해적과 숨겨진 보물

어째서 해적들은 그토록 끔찍한 바다 생활을 기꺼이 참고 견딜 수 있었던 것일까요? 어째서 그렇게 잔인한 사람들이 되었을까요? 왜 죽음을 무릅쓰면서까지 범죄를 저질렀을까요?

대부분의 해적들은 이런 질문을 받으면 아주 간단하게 대답했겠죠. 바로 '돈' 때문이라고요!

해적들은 보물선을 한 척만 털어도 남은 평생을 떵떵거리며 살 수 있을 거라고 생각했거든요.

노획물

해적들에게 있어서 가장 좋은 노획물은 뭐니 뭐니
해도 황금이었죠.

황금은 전 세계 어디서나 귀하게 여겨졌어요. 금
화, 금덩이, 금으로 된 장신구로 가득 찬 배를 터는
것이 해적들의 꿈이었죠.

은 또한 아주 값진 노획물이었죠. 은화는 '여덟

에스파냐 금화는 '더블룬' 이라고
불렀어. 더블룬 여덟 개는 보통
선원 한사람이 1년간 받았던
품삯과 맞먹을 만큼 큰 돈이었대!

닢'이라고 불렀어요. 은화 한 닢이 에스파냐의 옛 돈
인 '레알' 여덟 닢과 맞먹는 값어치를 지녔기 때문이
었죠. 이 은화 한 닢이 요즘
우리나라 돈으로 치면 대
략 30,000원 정도였어요.

그런데 해적들한테는
참으로 안된 일이지만 실
제로 황금과 은이 가득 담긴
보물 상자를 싣고 다니는 무역선은
거의 없었어요. 그래서 해적들은 대
게 다른 노획물을 얻는 데 만족해야
했죠.

은화

해적들은 배를 한 척 만나면 그 배에서 값어치가
나갈 만한 것들은 뭐든지 약탈했어요. 담배, 향신료,
설탕 등을 훔쳐서는 육지에 가서 팔았죠. 승객들이
갖고 있던 장신구들을 빼앗고 선원들이 갖고 있던
총, 칼 같은 무기들도 빼앗았어요.

해적들은 또 돛과 밧줄도 가져다 자기네 배에서 썼

어요. 음식과 물, 맥주, 포도주까지 약탈해서는 나누어 먹었죠. 그리고 약이란 약은 눈에 띄는 대로 모두 싹쓸이해 갔어요. 해적들은 병에 자주 시달렸기 때문에 약은 아주 대단한 노획물이었답니다.

배에서 환자를 돌봤던 의사의 약 상자야.

검은 수염이 이끄는 유명한 해적선 '앤 여왕의 복수' 호는 원래 프랑스 무역선이었대.

　배를 아예 통째로 빼앗은 해적들도 있었어요. 그 해적들은 약탈한 배를 해적선으로 삼은 다음, 그 배에 있던 선원들도 억지로 해적으로 만들었죠. 해적들에게 잡힌 선원들은 어쩔 수 없이 해적이 되어야만 했어요. '죽기 아니면 해적 되기!'

해적들의 노획물

▶ 에스파냐 금화 '더블룬'.

▶ 은화 '여덟 닢'.

▶ 담배, 향신료, 설탕.

▶ 보석 장신구.

▶ 총, 칼.

▶ 돛, 밧줄.

▶ 음식, 물.

▶ 맥주, 포도주.

▶ 약.

▶ 배 한 척을 통째로!

노획물을 나누어 갖는 법

노획물을 어떻게 나누는지에 대한 규칙은 아주 엄격했어요. 대부분의 해적들은 빼앗은 것들을 골고루 똑같이 나눠 가졌죠. 다만 선장과 키잡이 그리고 해적선의 의사는 다른 해적들보다 조금 더 많이 가졌어요.

자기 몫보다 더 많은 노획물을 탐내다가는 어떻게

77

되었을까요? 그런 해적들은 보통 죽임을 당하거나 외딴 섬에 버려졌어요.

땅속에 묻힌 보물

해적들이 외딴 섬에다 숨겼다는 보물 상자 이야기를 들어 보았나요? 보물섬에 대한 이야기 말이에요. 이야기 속의 해적들은 보물이 묻힌 곳을 일러주는 지

보물을 파묻는
키드 선장

도를 그리죠.

하지만 실제로 해적들이 보물을 땅에 묻는 일은 거의 없었어요. 노획물을 빼앗은 다음 곧장 나누어 가진 후, 육지에 내리자마자 자기 몫을 몽땅 써 버리곤 했으니까요.

바다 속 보물

보물이 숨겨져 있는 곳은 보물섬이 아니라 바다 밑바닥이랍니다.

오랜 세월 동안 수많은 해적선들이 폭풍우를 못 이기고 바다 속으로 가라앉았죠. 적과 싸움을 하다가 가라앉은 배도 있었고요. 해적선이 바다에 가라앉으면 당연히 그 안에 있던 보물도 바다 속에 가라앉았겠죠!

수백 년 동안 사람들은 바다 속에 가라앉은 해적선을 찾으려고 노력했어요. 하지만 대부분 헛수고였죠. 그런데 얼마 전에 잠수부들이 바다 속에서 두 가지 놀라운 보물을 발견해 냈답니다.

바다에 가라앉은 해적선

와이다 호

1984년 배리 클리포드라는 해양 탐험가가 '와이다'라는 해적선의 잔해에서 몇 가지 물건들을 찾아냈어요. 와이다 호는 '검은 샘 벨라미'라는 해적의 배였는데 1717년 미국 매사추세츠 주 해안에서 가라앉았죠. 그 배 안에는 금화와 은화가 가득했어요!

와이다 호
에서 찾은
금화와
은화야!

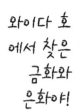

앤 여왕의 복수 호

1996년 한 해양 탐사 팀이 오래전에 가라앉은 배를
찾아냈어요. 그곳은 미국 노스캐롤라이나 주 근처의
바다 속이었죠. 이 배는 검은 수염의 해적선인 '앤
여왕의 복수' 호일 가능성이 아주 높대요!

바로 그 배 안에서 발견된
청동으로 된 종이야.

해적의 무기와 해적 깃발

　해적들은 다른 배를 공격할 때 여러 가지 무기를 사용했어요. 그중에서도 해적들이 가장 좋아했던 무기는 뭐였을까요? 총도 칼도 대포도 아니었어요. 그건 바로 '깜짝 쇼'였답니다!

　공격할 배를 발견하면 우선 해적들은 자기네 배를 평범한 무역선처럼 보이게 꾸미고 무기도 안 보이게 숨겼어요. 그리고는 미리 빼앗아 둔 다른 나라 국기를 해적선에 달았죠.

여자처럼 드레스를 입고 챙이 달린 모자까지 쓰고서 상대편 선원들을 속인 해적들도 있었대!

　　해적들은 공격할 배와 가까워지면 대포를 쏘고 해적 깃발을 올렸어요. 그리고 상대편 배의 돛대와 돛 사이에 얼기설기 늘어진 밧줄 사이로 쇠갈고리를 던졌어요. 쇠갈고리가 날아가서 어디든 걸리면 쇠갈고리에 연결된 밧줄을 잡아당겨서 해적선을 상대편 배에 바짝 붙였죠.

쇠갈고리

그런 다음에 해적들은 그 배의 갑판으로 뛰어들었
어요. 괴상한 소리를 고래고래 질러 대면서 말이에

요. 총을 마구 쏘아 대고 칼도 휘둘렀죠.

해적들은 공격할 때 아주 난폭하게 굴었어요. 상대 편이 겁이 나서 아예 싸울 엄두도 못 내게끔 말이죠. 싸움은 싱겁게 끝나곤 했어요. 선원들은 적은 돈을 받으면서 일했기 때문에 목숨까지 버리면서 자기네 배의 보물을 지키려고 하지는 않았거든요.

해적들의 무기

해적들은 싸울 때 여러 가지 무기들을 썼어요.

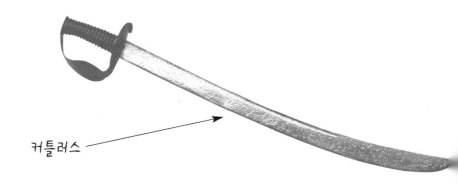

커틀러스

해적의 황금시대에 해적들이 주로 사용했던 칼은 '커틀러스'였어요. 커틀러스는 칼날이 널찍하고 예

리하면서 길이가 비교적 짧은 칼로, 손가락을 보호해 주는 손잡이가 있었죠.

　배 안은 싸울 자리가 넉넉하지 않았기 때문에 긴 칼보다는 커틀러스가 쓰기 편했어요. 휘두르던 칼이 배 안의 여기저기 널려 있는 밧줄이나 돛에 걸릴 염려도 적었으니까요.

　그래서 해적들은 길이가 짧은 칼로 싸우곤 했어요. 커틀러스 같은 단검은 좁은 공간에서 싸울 때 알맞았죠.

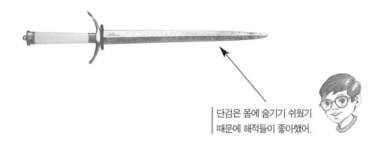

단검은 몸에 숨기기 쉬웠기 때문에 해적들이 좋아했어.

　1700년대에는 많은 해적들이 '플린트락' 이라고 불리는 권총을 갖고 다녔어요. 이 권총으로는 한 번에

딱 한 발밖에 쏠 수가 없었어요. 한 발을 쏘고 나면 다시 총알을 넣어야 했죠. 그래서 해적들은 다른 배를 공격할 때 이 권총을 양손에 한 자루씩 들었어요. 연달아 탕탕 쏠 수 있도록 말이죠.

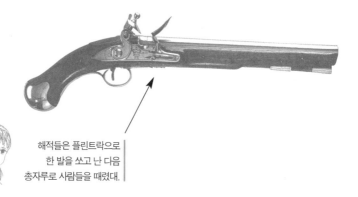

해적들은 플린트락으로 한 발을 쏘고 난 다음 총자루로 사람들을 때렸대.

해적들은 '머스켓' 이라는 장총도 썼어요. 머스켓은 플린트락보다 목표물을 더 잘 맞혔어요. 90미터나 떨어져 있는 목표물도 명중시킬 수 있었어요.

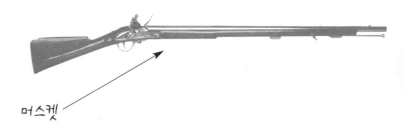

머스켓

해적들은 공격을 시작하자마자 상대편 배의 키잡이를 머스켓으로 쏘기도 했어요. 배를 조종하는 키잡이가 없으면 그 배를 따라잡아 옮겨 타는 게 한결 쉬웠으니까요.

도끼를 사용해서 상대편 배의 돛과 돛대를 연결하는 그물 밧줄을 자르기도 했어요.

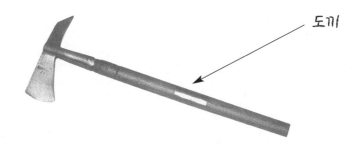

도끼

얼기설기 얽힌 밧줄이 끊어지면 돛은 바닥으로 떨어지게 마련이고 그러면 그 배는 오도 가도 못하게 될 테니까요. 해적들은 도끼로 선실의 문을 부수거나 보물 상자를 열기도 했어요.

연막탄도 자주 쓰였어요. 해적들은 작은 단지나 병에다 타르와 못쓰는 천 조각 같은 것들을 넣어서 연

연막탄이란 폭발하면서 짙은 연기를 내뿜는 폭탄이야.

89

막탄을 만들었어요. 그러고는 연막탄에 불을 붙여서 상대편 배에 집어던졌죠. 연막탄이 터지면서 배가 짙은 검은 연기에 휩싸이면 선원들은 겁에 질려 우왕좌왕했죠.

해적들은 대포를 쏘기도 했어요. 돌이나 쇠로 만들어진 대포알은 상대편 배의 돛을 찢고 나무로 된 배의 몸체를 부수는 데 알맞았어요.

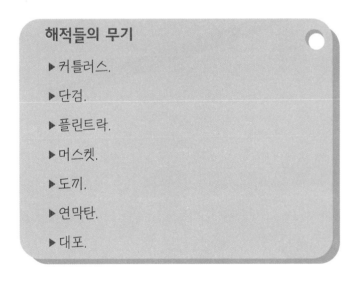

해적들의 무기

▶ 커틀러스.

▶ 단검.

▶ 플린트락.

▶ 머스켓.

▶ 도끼.

▶ 연막탄.

▶ 대포.

다른 배들이 해적선에 맞설 때도 역시 대포를 사용

대포

이렇게 생긴 대포에
대포알을 넣고 쏘려면
두세 사람은 필요했어.

했어요. 해적의 황금시대가 끝날 무렵에 영국 해군은
전사라는 이름의 군함을 보내 해적들을 공격했어요.

이 배들은 아주 거대했어요. 해적선보다 훨씬 많은
대포를 싣고 다닐 수가 있었죠. 영국 해군은 세계 곳
곳을 다니며 해적들을 혼내 주었어요.

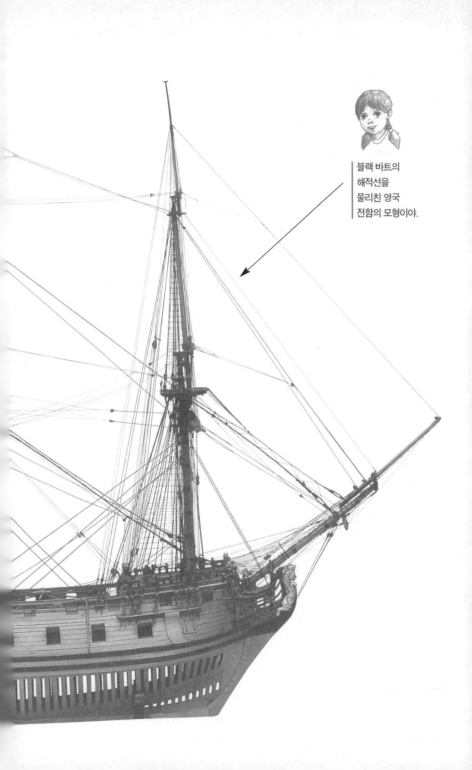

블랙 바트의
해적선을
물리친 영국
전함의 모형이야.

해적들의 깃발

해적의 깃발은 '졸리 로저'라고 불렸어요. 처음엔 해적 깃발들은 주로 밝은 빨강이나 주홍색이었죠. 졸리 로저라는 이름은 '예쁜 빨강'이라는 뜻의 프랑스 말 '졸리 루즈'에서 유래했어요.

다음은 유명한 졸리 로저들이에요.

캘리코 잭의 깃발

이것은 오늘날 가장 잘 알려진 해적 깃발이지요. 이 깃발에 그려져 있는 해골과 칼은 폭력과 죽음을 뜻해요.

검은 수염의 깃발

해골이 손에 들고 있는
모래시계는 '너는 이제 곧
끝장이다.' 라는 뜻이래요!

블랙 바트의 깃발

블랙 바트는 자기가
해골과 함께 춤추고
있는 모습을 깃발에
그려 넣었어요.

헨리 애버리의 깃발

핸리 애버리의 깃발에 그려진
해골은 두건을 쓰고 있어요.
실제로 헨리 애버리는 두건을
썼다고 해요.

영국 해군들이 바르바리 해적들과 싸우는 모습

역사 속으로 사라진 해적들

해적의 황금시대가 끝날 때쯤 바다에서는 전투가 여러 차례 벌어졌어요. 하지만 해적들은 여전히 바다를 누비고 다녔어요. 바르바리 해적들은 북아프리카 해안 근처에서 배를 공격했고 아시아의 해적들은 남중국해를 누비고 다녔죠. 아메리카 대륙 쪽에서는 미국이 영국과 독립 전쟁을 치르는 동안 미국의 사나포선 해적들이 영국 배를 공격하곤 했어요.

하지만 1800년대에 일어난 몇 가지 사건들 때문에

해적들은 바다에서 완전히 자취를 감추게 되었죠.

우선 1816년, 바르바리 해적들의 본거지가 파괴되었어요. 1849년에는 영국 해군이 아시아의 큰 해적 떼를 쳐부수었지요. 그리고 1856년에는 여러 나라 대표들이 모여서 사나포선 해적들을 금지하겠다고 약속했어요.

그 무렵에 증기선이 등장했어요. 증기선은 바람 대신 증기 기관의 힘으로 움직이는 배예요. 해군들은 이 증기선을 사용하기 시작했어요. 증기선은 바다를 훨씬 더 빨리 건널 수 있었어요. 게다가 크기도 컸기

증기선은 증기에서 힘을 얻은 엔진이 배 바깥쪽에 달린 커다란 바퀴를 돌려서 배를 움직이는 거야.

때문에 배에다 많은 무기들을 실을 수가 있었죠. 해적들의 범선으로는 증기선을 당할 수가 없었어요.

해적의 황금시대는 이미 옛날에 끝났지만 해적들은 아직도 모험 이야기나 전설 속에 살아 있어요.

이 사람은 『보물섬』에 나오는 '외다리 존 실버' 야. 요리사인 줄 알고 배에 태웠는데 알고 보니 무시무시한 해적이었지.

『보물섬』은 가장 유명한 해적 모험 소설이에요. 해적들과 용감하게 싸워 가며 숨겨진 보물을 찾아 나서는 소년에 대한 이야기죠. 이 작품은 1883년에 영국

작가 로버트 스티븐슨이 썼어요.

『피터 팬』은 워낙에 유명해서 모르는 사람이 아마 없을 거예요. 이 책은 원래 1904년에 제임스 배리가 아이들을 위해 연극으로 쓴 작품이었어요. 그랬다가

피터 팬은 못된 해적 선장 후크와 싸움을 벌이지. 후크 선장은 실제 있었던 해적은 아니래.

1911년에 책으로 다시 쓰여졌지요. 지금은 전 세계 수백만 명의 사람들이 책과 연극, 영화를 통해서 피터 팬을 만나고 있죠.

오늘날에도 해적에 대한 책이나 영화가 해마다 새로 나오고 있어요.

해적들은 이제 금화와 은화가 가득 찬 보물 상자를 빼앗아 가지 않아요. 대신 환상적인 모험을 바라는 우리의 마음을 빼앗아 가죠.

해적에 대해 더 알고 싶다고요?

이 책에 나온 내용 말고도 해적들의 삶에 대한 생생한 자료들은 많아요.

해적이 남긴 보물을 찾듯 해적에 관한 자료들을 찾아보세요!

해적에 대한 자료를 어떻게 찾아야 할까?

이쪽이야!

정확하고 친근한 자료
책

서점이나 도서관에 가면 책이 아주 많아요. 원하는 자료가 담긴 책을 찾아보세요.

책을 찾을 때는 이런 것들을 미리 알아 두세요!

1. 책에서 필요한 부분만 골라 읽어도 돼요.

처음부터 읽지 말고 먼저 차례나 찾아보기를 펼쳐서 여러분이 알고 싶은 것이나 궁금한 것이 나온 부분을 찾아 읽어도 돼요.

2. 책의 제목을 적어 두세요.

책의 내용을 메모할 때는 어느 책에서 옮겨 적은 것인지 그 책의 제목을 함께 적어 두세요. 출판사와 지은이도 적어 두면 좋아요. 그럼 나중에 다시 찾아보기 편리하답니다.

3. 책에 쓰인 대로 똑같이 베끼지 마세요.

책을 통해서 새로운 것을 알게 되었을 때는 책에 있는 내용을 그대로 베껴 쓰지 말고 자기 나름대로 생각한 내용을 옮겨 적어 보세요. 그러면 기억도 더 잘 되고 글 솜씨도 좋아져요.

4. 논픽션인지 확인하세요.

해적의 모험담에 대해 지어낸 이야기를 담은 책들이 아주 많아요. 이렇게 상상해서 꾸며낸 이야기들을 '픽션'이라고 불러요. 재미있지만 자료를 찾는 데는 알맞지 못하답니다.

자료를 조사할 때는 실제로 있었던 이야기가 담긴 책을 찾아야 해요. 이런 책들을 '논픽션'이라고 해요. 도서관의 사서나 선생님께 여러분이 보려는 책이 논픽션인지 아닌지 확인해 달라고 부탁해 보세요.

해적에 대한 실제 이야기를 담은 논픽션 책들을 몇 권 소개할게요.(책 제목, 글쓴이, 출판사, 출판 연도 순서로 소개할게요.)

해적 스테파니 러둘레스 글/ 보물섬, 2003년
너도 한번 해적의 포로가 되어볼래? 존 말럼 글/ 인디아이, 2004년
바이바이 바이킹 테리 디어리 글/ 주니어김영사, 2000년

박물관

배와 항해에 대한 것을 주로 전시한 박물관을 '해양 박물관'이라고 해요. 이런 박물관들에 가 보면 배의 모형과 수백 년 동안에 걸쳐 뱃사람들이 사용했던 여러 가지 물건이 전시되어 있죠. 예를 들어서 나침반 그리고 망원경 같은 것들 말이에요.

박물관에 갈 때는 다음 몇 가지를 잊지 마세요.

1. 수첩을 가지고 가세요.

관심이 가는 것이 눈에 띄면 뭐든 적어 두세요. 그림도 옆에 그려 두면 더욱 좋겠죠!

2. 궁금한 것이 있으면 질문하세요.

주저하지 말고 물어보세요. 박물관에는 여러분이 찾고자 하는 것을 찾을 수 있게 도와줄 어른들이 늘 있으니까요.

3. 박물관의 전시 일정표를 확인하고 가세요.

어린이를 위해 특별 행사를 하는 박물관도 많아요!

다음은 옛날 뱃사람들의 유물을 전시해 놓은 우리 나라 박물관들이에요.

국립해양유물전시관
전라남도 목포시 용해동 8번지
061)270-2000 http://www.seamuse.go.kr

호미곶 등대 박물관
경상북도 포항시 남구 대보면 대보리 221번지
054)284-4857

생생한 화면 자료
비디오

대부분 해적에 대한 영화는 '꾸며 낸 이야기'예요. 하지만 해적들의 삶과 해적들에 대한 진짜 이야기를 담고 있는 비디오도 더러 있어요. 또 프랜시스 드레이크 경 같은 탐험가들과 범선 그리고 바다 위에서의 생활에 대한 비디오도 있어요. 도서관이나 비디오 가게에 가서 다음의 논픽션 비디오나 그 밖의 다른 진짜 이야기를 담은 비디오가 있는지 한 번 찾아보세요.

놀이로 배우는 지식
시디롬

시디롬은 재미난 게임과 함께 지식을 얻을 수 있어요. 심심할 때 시디롬을 갖고 노는 것도 좋을 거예요.

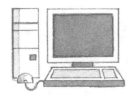

정보의 바다
인터넷

물론 인터넷에서도 해적에 대한 자료를 찾을 수 있죠. 옛날 배의 사진을 볼 수 있는 웹사이트를 소개할게요. 인터넷에서는 가장 최근에 나온 자료를 찾을 수 있어요. 인터넷에서 자료를 찾을 때는 어린이 전문 사이트나 학습 사이트를 참고하는 것도 좋아요.

부산사이버해양박물관
http://seaworld.busan.kr

해적선을 타고 지식탐험을 떠나요

이 책을 쓰기 위해서 윌은 영국의 그리니치에 있는 국립 해상 박물관에 가 보았어요. 메리는 노르웨이의 오슬로에 있는 바이킹 배 박물관에 갔고요. 박물관에서 자료를 찾는 일도 재미있었지만 그중에서도 가장 재미있었던 일은 집에서 아주 가까운 곳에서 생겼죠. 뉴욕에서 있었던 '오퍼레이션 세일 2000' 행사 동안 우리는 2000년 전 쯤에 만들어진 범선에 탈 수 있었 거든요! 그때의 경험 덕분에 역사 속의 일을 더 생생 하게 느낄 수 있었고 바다에서의 생활에 대해서 참 많이 이해할 수 있었어요.

뉴욕에서 메리 폽 어즈번과 윌 어즈번

찾아보기

* 이 책은 해적과 항해에 관한 책이기 때문에 해적, 배 등 자주 등장하는 용어는 생략했습니다. 이 용어들에 대한 설명을 찾고 싶으시면 '차례'를 이용하세요.

책 속에 나온 사진은 다음과 같은 곳에서 제공했습니다

10쪽, 17쪽, 52쪽, 66쪽, 76쪽, 84쪽, 86쪽, 87쪽, 88쪽 위, 91쪽, 96쪽, 98쪽 사진
– 런던 국립 해양 박물관
12쪽 사진 – 브렛만/코비스
13쪽 사진 – 헐톤 게티/리에종 에이전시
16쪽, 78쪽, 99쪽 사진 – 메리 에반스 사진 도서관
68쪽 사진 – 해적 컬렉션/브리지만 예술 도서관
74쪽 사진 – 제프리 L. 로트만
75쪽 사진 – 아치노 이코노그라피코/코비스
80쪽 사진 – 윌리엄 커트싱어/NGS 이미지 컬렉션
81쪽 사진 – N.C. 기록보관소
88쪽 아래, 89쪽, 92-93쪽 사진 – 돌링 킨더슬리/런던 국립 해양박물관
앞표지, 100쪽 사진 – 돌링 킨더슬리

지은이 | 메리 폽 어즈번

메리 폽 어즈번은 미국에서 태어났다. 노스캐롤라이나 대학에서 연극을 공부했고, 그리스 신화와 종교에 매료되어 종교학을 공부하기도 했다. 졸업 후에 그리스의 크레타 섬에 있는 동굴에서 생활하기도 했고, 유럽 친구들과 함께 이라크, 이란, 인도, 네팔 등을 비롯한 아시아 16개국을 자동차로 여행하기도 했다. 여행 중에 아프가니스탄에서 지진을 겪기도 하고, 히말라야에서 독이 몸에 퍼져 목숨을 잃을 뻔하기도 했다. 고향으로 돌아온 후에는 윈도 디스플레이어, 병원 조무사, 식당 종업원, 바텐더, 어린이 책 잡지 편집자 등 다양한 직업을 가지며 생활했다.

17년 동안 50여 권 이상의 어린이 책을 썼으며 대표작인 「마법의 시간여행」 시리즈는 공룡, 중세 기사, 미라, 해적 등 다양하고 폭넓은 주제를 다룬 본격 어린이 교양서로 어린이들로부터 열렬한 사랑을 받고 있다.

지은이 | 윌 어즈번

연극배우이자 감독, 극작가로 활동해 왔다. 워싱턴에서 연극을 공연하던 중 아내 메리 폽 어즈번을 만나 결혼했다. 아내와 함께 「마법의 시간여행 지식탐험」 시리즈를 썼다.

옮긴이 | 노은정

연세대학교 영어영문학과를 졸업하고 어린이 책들을 번역하고 있다. 옮긴 작품으로는 「마법의 시간여행」 시리즈, 「마음과 생각이 크는 책」 시리즈, 「과학탐정 도일과 포시」 시리즈와 『안녕, 해리』, 『해리야, 잘 자』 등이 있다.

해적의 시대

메리 폽 어즈번, 윌 어즈번 지음 / 살 머도카 그림/ 노은정 옮김

1판 1쇄 펴냄—2004년 8월 20일
1판 8쇄 펴냄—2005년 11월 7일

펴낸이 박상희
펴낸곳 (주)비룡소
출판등록 1994. 3. 17.(제16-849호)
주소 135-887 서울시 강남구 신사동 506 강남출판문화센터 4층
전화 영업(통신판매) 515-2000(내선1) / 팩스 515-2007 / 편집 3443-4318~9
홈페이지 www.bir.co.kr

값 7,000원

ISBN 89-491-9027-3 73920
ISBN 89-491-9023-0 (세트)